JN086243

私たちの園の
マナーづくり

現場の事例から考える

井上さく子（保育環境アドバイザー）
岩井久美子（まちの保育園六本木園長）
汐見和恵（家族・保育デザイン研究所所長）

はじめに

　本書は 2020 年度の『保育ナビ』に掲載された「園の文化をつくる保育者の作法」をもとに再編集したものです。

　園の文化とは、建物や室内の環境、保育内容、園行事や地域とのかかわりなどだけを指しているのではありません。

　保育者はもちろんのこと、園の全職員、子どもや保護者も含めた全員の振る舞いや雰囲気などのすべてが、その園の文化をつくっているのです。その意味で園は文化創造の場だと言えます。

　園が温かく、ゆったりと落ち着いた雰囲気であれば、人は穏やかにその場にいることができます。そんな園で楽しく保育をしたい、職員同士良い関係で気持ちよく仕事をしたい、保護者や近隣の方々に信頼されて支え合える園でありたいと、どなたも思うのではないでしょうか。

　本書は、保育園、幼稚園、こども園などで働く職員向けに、知っておいてほしいマナー ──知識や気持ちよい人間関係を築くために心がけたいこと、社会人として身に付けていただきたい常識など──を中心にまとめています。

　Part 1 は、保育を行ううえで、改めて意識をしてもらいたいこと、知っておいてほしい知識などの内容が中心となっています。園としてどのように子どもと向き合っていくのかを職員同士で共有していただきたいと思います。

　Part 2 は、職場内で気持ちの良い人間関係をつくるうえで意識してほしい内容と保護者や近隣の方々と人として向き合い、信頼関係を築くために身に付けていただきたい内容です。

　Part 3 は、社会人として身に付けていただきたい振る舞いや同僚への配慮などです。

　一つひとつの内容は、誌面の都合上、十分な説明ができずに言葉足らずになっていて理解しにくい部分があるかもしれません。また、園の実情とは異なると感じる方もいらっしゃるでしょう。そのなかで、ここは保育においては芯になる部分だ、これは人として大事なことだ、ここは自分としては意識して身に付けよう、というように、心を留めてお読みいただけましたら幸いです。

　新年度に入職した職員を対象にオリエンテーションを行う際に用いたり、園の全職員で共有したりなど、大いに活用していただきたいと思います。

汐見和恵

CONTENTS

『私たちの園のマナーづくり
現場の事例から考える』

Part 3　社会人としてのマナー

「園のマナー」とは?

本題に入る前に、そもそも「園のマナー」とは何か、
なぜ考える必要があるのか、どう考えればいいのか。
園のマナーづくりの土台となる考え方を紹介します。

子どもでも保護者でも職員同士でも、

相手を1人の人間として尊重すること が

園のマナーの基本です。

子どもとかかわる場では、常に、
人としてのありようが問われています。

子どもにどんな姿を見せていくか が、

「マナー」を考える基準になります。

子どもは、保育者の言動や立ち居振る舞いを
丸ごと受け止めます。自分たちの存在が

子どもの環境であることを忘れない でほしいです。

基本的なマナーは、
どこに暮らしていても変わりません。
でも、園のマナーは、

地域や園の考え方によって変わる ものもあります。

園のマナーは、トップダウンで押しつけるものではなく、
みんなで対話 をしながら **共に考えていく** ものです。

保育者一人ひとりのマナー（言動や立ち居振る舞い）
によって園の雰囲気がつくられます。
それが **園の文化** になっていきます。

園の理念を踏まえ、**何を大切にしたいか** を
確認し合いながらマナーを捉え、
園の文化を育てていきましょう。

園の文化は、保育者だけでなく、
子どもや保護者、地域の人たちも含めて
つくり上げていくものです。

人としてのかかわりを基本に、
職種ごとの **専門性に応じたマナーも大切** に
したいですね。

保育者には、社会人としてのマナーが求められます。
マナーの基本を園全体で共有 したいですね。

本書の特長と使い方

● 本書は、基本的なマナーを踏まえつつ、
　園という場所ならではのマナーについて考えます。

● 園のマナーが、園の文化をつくるという考えをベースに、
　それぞれの園でのマナーづくりの参考になる事例を
　紹介しています。

課題を見つけよう

保育の現場において何気ない場面に潜む
違和感を盛り込みました。なぜマナーが
必要かを考えるきっかけにしてください。

キホンのマナー

園のマナーづくりにおける、マナーの
考え方の基本です。

あなたの園でも考えてみましょう

園のマナーづくりのための、振り返
りポイントを挙げました。

※p76～p78に書き込み式のシートがあります。

私たちの考えるマナー

3人の著者が、それぞれの園のマナーづ
くりにおいて、どう考え、実践したかを
紹介しています。

井 →井上先生　岩 →岩井先生　汐 →汐見先生

基礎講座

社会常識をベースにし、身に付けて
おきたいマナーを紹介しています。

※マナーや言葉遣いは、地域や園の方針によって
　変わる場合があります。どのように応対するかは、
　園の基準に合わせてご活用ください。

Part 1

保育における マナー

子どもの名前をどう呼ぶ？
子どもへの言葉のかけ方は？
ジェンダーの捉え方など、
保育中の子ども対応における
マナーを考えます。

マナーの面で気になる言葉の使い方や振る舞いがないか、
意識をしながら読みましょう。
同様の場面における自らの言動も思い浮かべてみてください。

公園へ行く前の保育室と、
公園での光景

気になるところはありましたか?

マンガには、保育におけるマナーを考えるうえで大切なポイントが
盛り込まれています。違和感をもったかもたなかったか、
どこにどんな違和感をもったかを職員間で共有し、
園のマナーを考えるきっかけにしてください。

| 子どもの呼び方に
ついて何か
感じましたか? | 遊びのグループ分けに
ついて何か
感じましたか? | 保育者同士の会話に
ついて何か
感じましたか? |

次は現場の事例から、保育におけるマナーについて、考え方を紹介します。

子どもの名前を呼ぶ

園での子どもの名前の呼び方について考えます。

保護者や地域の人からの印象も考慮に入れて検討を

　名前の呼び方は、園によって様々です。

　職員が子どもを呼ぶのに、愛称で呼ぶ園もあれば、「ちゃん」や「くん」あるいは「さん」づけをする園、敬称をつけずに呼ぶ園もあります。

　子どもが職員を「先生」と呼ぶ園、愛称で呼ぶ園、「さん」づけで呼ぶ園もあります。職員同士でも「先生」「さん」づけ、

キホンのマナー

呼び方に正解はなく

相手を尊重する

気持ちをもつ

あるいは愛称で呼び合う園もあります。

　原則、相手を尊重する気持ちが根底にあり、互いが納得しているなら、どんな呼び方でもよいでしょう。ただし、名前の呼び方は、園の理念やめざしたい方向性を表すものでもあります。それを踏まえて検討します。

　また、その呼び方が保護者や地域の人など、周囲にどのような印象を与えるかという点も、呼び方を考える際の視点の1つとして押さえておきましょう。

男の子、女の子で呼び分けることについて

　ジェンダーフリーの意識が高まるなか、男の子は「くん」、女の子は「ちゃん」と一律に呼び分けるのはどうなのでしょうか。職員同士で考えてみてはどうでしょう。

私たちの考えるマナー Point

子どもの人格を尊重する呼び方を意識する

保護者や本人の希望を取り入れてもOK

●子どもであっても、人間としては対等。ですから、私は敬意を込めて「さん」づけで呼んできました。慣れない呼ばれ方をして戸惑う子どももいましたが、

子どもを尊重する気持ちは伝わったと思います。 井

●必ず「くん」か「ちゃん」をつけています。呼び捨てにはしません。 岩

●入園時に保護者に「お子さんをなんと呼んだらよいですか」と聞き、そのように呼びます。たいていは名前に「くん」や「ちゃん」づけ。「みーちゃん」などの愛称のこともあります。 汐

エピソード 「トーマス」と呼ぶか「トーマスくん」と呼ぶか

　私の園では、子ども一人ひとりの人格を尊重するために、どの子も呼び捨てにせず、「くん」か「ちゃん」などの敬称をつけることを職員全員で確認しています。

　ところが、外国籍の子どもが入園してきた時、担任がその子を「トーマス」と呼び始めました。確かに外国では、名前の後に敬称をつけることはありません。お父さんもお母さんも「トーマス」と呼んでいます。でも……。

　園で大切にしている「子ども一人ひとりの人格を尊重する」ということの意味を担任と確認し合ったうえで、その子もみんなと同じように「トーマスくん」と呼ぶようにしました。 岩

あなたの園でも考えてみましょう!

●子どもの名前の呼び方について、共有していますか。

言葉の
かけ方

子どもとのやりとりや保育者同士の会話において、気をつけるべきことは。

キホンのマナー

対等な1人の人間として
子どもにも
丁寧な言葉遣いをする

言葉には
人格が表れる

　言葉には、その人の思い、考え方、意識、感情などいろいろなものが反映されています。つまり、言葉にはその人の教養、人格が表れるのです。

　そして、言葉には力があります。何気ない一言で傷つく人がいるかもしれません。例えば、「普通はこうよね」とか「女性なら」「男の子なら」などと、ものごとをステレオタイプ化し、決めつけて話していませんか。言葉を発する時は内容を吟味し、不用意な発言は控えることが大切です。

相手に伝わりやすいように
ゆっくりはっきりと話す

　子どもであっても、1人の人間として
は大人と対等です。丁寧な言葉遣いを心
がけ、相手に伝わりやすいようにゆっく
りはっきりとした口調で話します。ぞん
ざいな言動は慎みましょう。伝えたい相
手だけに伝わればよいので、ほかの子ど
もの遊びを中断しないように、むやみに
大きな声を出さないことも大切です。

　まだ言葉を発しない0歳児であっても、
丁寧にかかわっていくと、周りの状況や保
育者の話しているニュアンスを全身で理
解するようになります。例えば、おむつ替
えの時も黙って替えるのではなく、「濡れ
ちゃって気持ちが悪いから、おむつを替え
ましょうね」「おむつを替えたら気持ちよ
くなったね」などと言葉をかけましょう。

　子どもは大人の表情、声の調子に注意
しながら聞いています。それが言葉や状
況を理解する力につながっています。

一方的にならないこと、
理由を伝えることを意識して

　保育者の言葉かけや行動が一方的にな
らないよう、子どもの思いを聞くことを
意識してほしいと思います。

　例えば、靴を履いたり、上着を着たり
という場面で子どもが手間取っている時、
いきなり大人がやってしまうのではなく、
「お手伝いしてもいい?」と言葉をかけ、
子どもの了承を得てからかかわるように
します。それが、子どもの主体性を大切
にすることにつながっていきます。

　また、言葉をかける際に、理由を伝える
ことを意識してください。0歳児に対する
時から大人がいつも「〜だから〜なのね」
などと伝えると、2〜3歳になる頃には、
「〇〇ちゃん、ここに座りたかったんだよ
ね」などと、友だちの気持ちをほかの子が
説明する姿が見られるようになります。

私たちの考えるマナー
Point ❶
子どもの主体性を
育む言葉かけを
工夫しましょう

問いかけ、
理由を添える

● 「取っちゃダメ」「片づけをしなさい」
などの指示・命令語は、大人が子ども
を思い通りに従わせようとするための
言葉遣いです。誘いかける時も「お散
歩行くよ!」などと一方的に宣言する
のではなく、「お散歩に行きませんか」
などと問いかけ、子どもが自分で考え
て行動できるようにしています。井

●子どもに話す時は「寒いから上着を着ようね」と伝えることで、子どもは物事には理由があるということを理解し、自分が何かしてほしい時も理由を説明できるようになります。汐

あなたの園でも
考えてみましょう!

●否定や禁止、命令語などを使いすぎていませんか。

●子どもへ指示を出す時、どう表現したらよいでしょう。具体的な事例とともに考えてみましょう。

私たちの考えるマナー
Point ❷

必要以上に言葉をかけず子どもからの発信を待ちましょう

言葉をかけすぎないことも大事

●子どもを対等な1人の人間として考えると、子どもが先を見通し、自分で考えて行動しようとするのを損ねることのないようにしたいものです。だから、大人が言葉をかけすぎないようにしています。井

●「お散歩に行くから帽子をかぶりましょう」「靴を履きましょう」などと、先回りして言葉をかけることは避けます。子どもが先を見通し、自ら行動する力を損ねてしまいます。岩

●保育中、ひっきりなしに子どもに言葉をかける保育者がいます。黙っているのは何もしていないようで不安なのでしょうか。でも、たくさん言葉をかけるより、子どものつぶやきを拾ったり、子どもの表情から気持ちを読み取るほうが大切だと思います。井

保育中の会話の注意点

保育中、子どもとの会話だけでなく、保育者同士の会話でも
注意が必要です。気をつけるべきポイントを挙げます。

● 保育に関係のない会話はしない

保育者同士、プライベートな会話は慎みます。子どもは意外によく聞いて
いるものです。

● 子どもの困りごとや保育の悩みを話さない

子どもの成長にかかわる内容や、だれは何ができない、だれの何が遅いなど、
子どもについての話は口にしないようにします。たとえ言葉のわからない
年齢であっても控えましょう。

● 子どもの頭ごしに言葉を交わさない

離れたところにいる保育者に話しかける時、子どもの頭ごしではなく、保
育者のそばに行って、話をします。

● 保育者同士が話す時も静かな声で丁寧に話す

保育室などで話をしたり用件を伝える時なども、静かな声で丁寧に話すこ
とを心がけて穏やかな雰囲気をつくりましょう。

園における ジェンダー

今、求められている性別にとらわれない保育について考えます。

保育者自身が刷り込みから自由になるために学びを深めて

ジェンダーバイアスを解消し、男女平等な社会を形成するうえで、保育者が担う役割は重要です。あからさまな差別をしないのは当然ですが、「男の子はこう」「女の子はこう」と決めつけるような発言は避けなければなりません。

意識していないと、保育者のなかに刷り込まれた性別役割意識がふとした瞬間に言動に現れることがあります。

キホンのマナー

男女の違いではなく、個性の違いとして捉える

例えば、男の子に「かっこいい」、女の子に「かわいい」という言葉を多くかけたり、家事・育児は女性の仕事だと決めつけて話したり、保護者を「お母さん」と総称したりするようなケースです。保育者同士でも、男性だから力仕事を、などと決めつけないようにします。

自分自身の言動が、決めつけになっていないか、ジェンダーの視点から、振り返ってみましょう。

男女を意識しすぎるのは不自然!?

男女平等を意識するあまり、グループ分けの時などに、男女の数を同数ずつ揃えようとして、進行が滞るようなことがありませんか。

グループ分けについては、例えば、「赤い色の好きな人のグループ」「うさぎが好きな人のグループ」など、それぞれの嗜好によってグループを決めるなど、様々な工夫ができます。その結果、男の子だけ、女の子だけのグループができても、良いのではないでしょうか。

一方で、着替えやトイレなどの場面では、乳幼児であっても性差を尊重する姿勢が求められています。簡単な問題ではありませんが、保育者として、ジェンダーについての学びを深め、保育に活かしていきたいですね。

人として、その子自身をよく見ましょう

「男の子」「女の子」として見ない

- 「男の子は攻撃的な遊びや、電車や車など動くものを好む」「女の子はままごとなど静かな遊びを好む」傾向を感じることは、確かにあります。だからといって、それを前提として保育を進めないよう配慮しています。汐

- たくさんの子どもたちを見ていると、男の子と女の子で好きな遊びの傾向は違うように感じます。ですが、戦いごっこが好きな女の子もままごとが好きな男の子もいます。それぞれの好みを否定しないようにしたいですね。井

- 「男の子だから落ち着きがない」とか「女の子だから言葉が達者」など、子どもを「男の子」「女の子」として見るのではなく、1人の人として、その子自身を見るようにします。岩

●動きやすさから、「園ではズボン」という決まりのある園も多いようですが、なかには「スカートをはきたい」という子もいます。いわゆる「女の子らしい服装」を好む気持ちを尊重することも大切だと思うので、私は「スカートもすてきだね。お外で遊ぶ時だけは、引っかかると危ないからズボンにしようね」と対応しています。岩

あなたの園でも考えてみましょう!

●性別によって子どもの遊びや言動を決めつけていませんか。

●園におけるジェンダーの問題をどう解決しますか。

●職員のジェンダーについても意識していますか。

私たちの考えるマナー Point ❷

男性保育者のおむつ替え。専門性を考えればやらないほうが不自然

園のリーダーが異変をキャッチする努力を

●「男性保育者にはおむつ替えをさせない」という園の話を聞いたことがあります。保育者による性的な事件が報道されることもあり、男性保育者をトラブルから守るためだというのですが、私の園では男性保育者もおむつ替えをします。保護者との信頼関係を築きながら、男性も女性も、保育者としての資質を高め合っていけるとよいと考えています。岩

●保育者は、専門の資格をもつ保育のプロです。男性だからおむつ替えをしないというほうが不自然だと思います。保護者に対しては、保育における男性保育者の存在意義を伝え、理解を得られるようにしていきたいと思っています。汐

「ジェンダー」とは

「ジェンダー」とは何でしょう。
考察の基礎となる知識を紹介します。

● ジェンダーとは

生物学的な性別（sex）に対し、社会的・文化的につくられる性別のこと。
男女の社会的・文化的役割の違いや男女間の関係性を示します。

ジェンダーによる決めつけの例

- 「女の子はままごとが好き」「男の子は電車ごっこが好き」など好みを決めつける
- 女の子は赤、男の子は青などで色分けする
- 女の子に「かわいい」、男の子に「かっこいい」という言葉を多くかける
- 保護者を「お母さん」と総称する

● ジェンダーフリーとは

ジェンダーによる固定的な役割分担にとらわれず、男女が平等に、自らの能力を活かして自由に行動・生活できること。男女差別を解消し、個々の能力が活かされ、安心・安全に暮らせる社会を目指すことは、世界共通の課題です。

● ジェンダーフリー教育（保育）とは

「男らしさ」や「女らしさ」にとらわれない意識を育成する教育（保育）のこと。

ジェンダーフリー教育（保育）の実践例

- クラス名簿や運動会の競技を男女混合にする
- 男女ごとに色を固定せず同色を用いる
- 具体性のある性教育を行う　　　　　　　など

「気になる」子どもへの対応

保育をしていて「気になる」子どもがいる時、どう対応すればよいでしょう。

キホンのマナー

「気になる」という感覚を大切に「どう対応する?」につなげる

「気になる」で終わらせないこと

「気になる子が増えている」と言われます。「気になる」という言葉を口にする保育者も少なくありません。このようななか、子どもを1人の人間として尊重すべき保育者が、安易に「気になる」という言葉を使って良いのか、という課題も上がってきています。

子どもは一人ひとり違い、それぞれ自分のペースで成長・発達しています。定型発達から外れていたり、配慮すべき事項があったりする子どもを「気になる子」

とひとくくりにして見てしまうことは、その子に対して失礼ではないでしょうか。

　もし、子どもに、「気になる」とレッテルを貼っているとしたら、それは、見方が固定的になっているのかもしれません。保育者として、まずはそこを自覚することから始めます。

　一方で、保育者の「気になる」という感覚は大切にします。子どもの障がいや、配慮が必要だという早期の発見につながるのが、保育者の「気になる」という感覚だからです。

　大事なのは、子どもが「気になる」時に「気になる子だよね」で終わらせないことです。

保護者からの相談は園で共有を

　子どもの言動の何かが気になった時、どこが気になるのか、なぜ気になるのかを、丁寧に探ってみてください。そのうえで、専門機関につなげたほうが良いのか、保育者がその子どもとのかかわり方を学んだほうが良いのかを見極めます。

　園がその子に必要な手立てを共有し、保護者も巻き込みながら、一緒に考えていくことが大切です。

　なお、「気になる」と、上から目線で指摘されるのは、だれにとっても心地よいことではありません。保護者に対しての言葉の使い方を考慮するとともに、「気にかけていく」という意識にチェンジできると、保護者や子どもとの関係が変わっていくのではないでしょうか。

「気になる」子は、気にかけるべき子なのだと認識しましょう

子ども一人ひとりを気にかける

● 「気になる子」というレッテルを貼るのではなく、なぜ気になるのか、どこがどのように気になるのかを観察します。そのうえで、その子の個性なのか、発達の問題なのか、環境などによるものなのか、しっかり見ていきます。必要であれば、巡回相談の臨床心理士などにも見てもらって、どこをどのように気にかければよいのかを聞き、情報を職員間で共有しましょう。 夕

● 私は「気になる」という言葉が好きではありません。「気になる」ではなく、「気にかける」という言葉に置き換えてみてはどうでしょうか。言葉を置き換えるだけでも、保育では子ども一人ひとりを気にかけていくことが大切なのだと改めて実感できると思います。 井

● 子どもは、大人が「気にかけてくれている」と思うと気持ちが安定します。その結果、いわゆる「気になる」行動が減り、「気にならなくなる」こともあります。 岩

私たちの考えるマナー Point ❷

1人だけ特別扱いはせず、子どもの中で育ち合うことを大切にします

共にいることが楽しいと感じられる保育を

● 障がいがあったり、支援が必要だったりなど、配慮すべき子どもはいます。加配の保育者がついて、その子のケアに当たる場合もあるでしょう。ただし、その子だけを隔離するような保育は良くありません。子どもは子ども同士で育ち合うもの。共にいることが楽しいと感じられる保育をしていきましょう。汐

● 園に障がいのある子どもがいます。0歳児の時からずっと一緒にいる子どもたちは、その子を自然な形で助けていて、その子も世話を焼かれても嫌がらない関係性がつくられています。その子の存在が、周りの子も育ててくれています。岩

● 「気になる子がいるので、クラスに加配をつけてほしい」と担任に言われて、園長がクラスの様子をじっくりと見てみると、いつもより子どもが落ち着いているということがあります。だれかが注意して見守っているという状況が、子どもにとっては「気にかけてもらっている」と感じられ、安心につながるのではないでしょうか。岩

あなたの園でも考えてみましょう！

● 「気になる」ことを、職員同士で共有していますか。

● 「気になる」時の連携、手立てを「どんな子どもも対等な1人の人間」という視点で考えましょう。

「気になる」ことを保護者に伝える時のマナー

保護者と共に、子どもの成長を支えていくために、伝え方の配慮が大切です。

● **個人面談等、保護者と向き合って話をする機会をつくる**

立ち話や何かのついでにではなく、きちんと時間を設定し、落ち着いた環境で話をします。

● **家庭での子どもの様子や保護者の思いを聞く**

「子育てで悩んでいることはありますか」「おうちで困っていることはないですか」「○○さんは、おうちでは、どんな遊びをしていますか」などと言葉をかけ、まずは家庭での子どもの様子を聞きます。けっして、保育者から園でのその子の「気になる」行動などを先に切り出さないようにしましょう。

● **保護者からの話を受け、悩みや困りごとに共感する**

保護者から、「言葉がなかなか出てこないので悩んでいる」「落ち着きがなく、食べものを投げたりするので困っている」など、悩みや困りごとの話が出たら、園での様子を伝えつつ共感します。同時に、園での遊びの様子や友だちとの関係など、子どもが楽しく過ごしている姿を知らせ、一緒に子どもを見守っていきますよという園の思いを伝えましょう。

● **対話を重ね、保護者の気持ちに寄り添いながら、段階を踏んで伝えていく**

「私たち保育者が子どもの成長を学ぶために専門の先生から、こんなアドバイスをもらったので、園でもこのようにかかわってみようと思います。おうちでもやってみませんか」など、共に子どもを支えていけるように話をする。

> **注意点**
>
> 保育者は、発達の専門家ではありません。想像で障がい名を言ったり、先入観をもったりせず、専門家の判断に任せます。

社会人として、保育者としてという前に、
人間としてどうあるべきかという視点を
もつことが大切ではないでしょうか。
自分はどうしたいのか、どう考えているのかを
素の自分に問うことで、自分のすべき
立ち居振る舞いが見えてきます。
先にマナーありきではなく、
1人の人間として相手とつながりたいですね。

井上さく子

Part 2

園における
人間関係の
マナー

一緒に働く職員同士、保護者、近隣
の人々との信頼関係を築くための
土台ともなる、人間関係における
マナーを考えます。

夕方の保育室。
保育者同士、保護者とのやりとりの様子

気になるところはありましたか？

マンガには、保育におけるマナーを考えるうえで大切なポイントが
盛り込まれています。違和感をもったかもたなかったか、
どこにどんな違和感をもったかを職員間で共有し、
園のマナーを考えるきっかけにしてください。

職員同士のやりとりに
ついて何か
感じましたか？

保護者への対応に
ついて何か
感じましたか？

保護者からの相談の
受け方について何か
感じましたか？

次は現場の事例から、園における人間関係のマナーについて、考え方を紹介します。

職場の人間関係

同僚や先輩・後輩とうまく付き合うために、気をつけるべきこととは。

キホンのマナー

一緒に保育をする
仲間として、対等な
関係性を築く努力をする

より良いコミュニケーションをとる努力が必要

　職場には様々な立場の人や考え方の人がいます。気の合う人もいれば、付き合いにくい人もいるでしょう。でも、職場は仲良しクラブではありません。同僚は友だちではなく、その園の理念のもとに一緒に保育をする仲間です。

　もちろん、仕事をするなかで気が合って仲良くするのはかまいませんが、関係を壊したくないために言いたいことが言えなくなるのは問題です。

　逆に言えば、個人的に気が合わないと感じる相手でも、仕事をするうえでより良いコミュニケーションをとる努力は必

要です。性格や価値観が違っても、議論を重ねられる関係性であればよいのです。

大切なのは、年齢や経験、立場の違いとは関係なく、相手を1人の人間として尊重すること。経験を積んだベテラン保育者からも、若い保育者からも学べる点はあるはずです。

保育者の安心が
子どもの安心につながる

子どもが安心した環境のなかでいきいき過ごすには、保育者が安心して働ける環境であること。どんな立場、どんな年齢、経験の人でも、人としては対等だというところから出発し、それぞれが安心して自分の意見を言えるような職場づくりが大切です。

そのためには、あたりまえのこととはいえ、挨拶、笑顔、態度がまず大切になります。普段の挨拶はもちろん、仕事を手助けしてくれた時やわからないことを教えてくれた時などは、「○○をしていただき、ありがとうございます」とできるだけすぐに感謝の気持ちを伝えましょう。

失敗をした時には、自分からきちんと謝ることが大切ですが、失敗した理由を聞いてもらいたい時もあるでしょう。そのような時は、まず、謝罪をしたうえで、話を聞いてもらいます。

また、注意をする側は、頭ごなしに言わず、相手がなぜそうしたのかという理由を聞きましょう。そのうえで、「実はこれはこのようにしてほしい、なぜなら～」ときちんと理由を伝えるようにします。どういう姿勢で仕事に向き合うべきかを

理解してもらうことが大切です。

ほかに、職員同士の呼び方にも気をつけます。若手の職員を呼び捨てにしている、本人のいない場所ではあだ名で呼んでいるなどは、対等の関係性とはいえません。仕事の場であることをわきまえ、周囲の人が違和感をもたないよう社会人として適切である表現を意識しましょう。園ごとに方針が異なる場合もありますが、子どもの前ではどう呼び合うかも含め、職員同士の適切な呼び方について、改めて園内で話し合ってみるとよいでしょう。

私たちの考えるマナー
Point ❶

職員一人ひとりが
園には欠かせない人材だと
確認し合いましょう

だれに対しても
感謝の気持ちで接する

●今は正職員だけでなく、非常勤やパートタイムなどいろいろな働き方があります。正職員だから立場が上ということはありません。働き方は違っても、子どもや保護者から見たら同じ「先生」です。そのことを忘れないように、職場の人間関係がフラットになるよう意識しています。岩

●保育には、いろいろな人の支えが必要

です。どんな雑務でも、それを引き受けてくれる人がいなければ保育は成り立ちません。だれに対しても常に感謝の気持ちをもつように伝えています。⏎汐

●雑務が、特定の人の負担になっていないでしょうか。役割分担や、出勤の時間帯の違いで、多少の偏りが出てしまうことはありますが、原則、みんなで平等にやることを確認し合いましょう。⏎岩

私たちの考えるマナー
Point ❷

子どもを
真ん中に置いて
対話を重ねましょう

子どもの姿の捉え方に
正解・不正解はない

●保育は子どもと向き合う仕事。子どもの姿を話している限り、そこに人間関係の対立は生まれないはず。常に子どもを真ん中に置きながら、相手と対話を重ねていくことが大切です。⏎井

●職員会議では、毎月職員2人にエピソード記録を発表してもらいます。その子の何が育ったのか、そこから何を学んだのか、そこに正解も不正解もありません。会議の中で意見交換をすることで、自分と違う見方があることに気づき、同僚の考え方や良さに気づくチャンスでもあります。⏎汐

私たちの考えるマナー
Point ❸

クラスを超えて
手助けし合う雰囲気を
つくりましょう

手伝いやすくなる
仕組みづくりを

●子どもの人数やクラスの状況によって、また時期によって、忙しい保育者、それほどでもない保育者がいるものです。保育者間で作業の分担を図るために、職員室に「もの作りノート」を置きました。クラスで手作りしたいと思っているものを書き込むとともに、材料も揃えておくことで、手の空いている保育者が手伝うことができます。数が必要なものなどもみんなでやれば早いし、「これはどんなふうに遊ぶものなの？」などと尋ねることで学び合いにもなります。⏎岩

互いの呼び方について、職員同士で話し合う機会をつくりましょう

組織としての方向性をもつ

● 開園時に、いろいろな園で保育をしてきた保育者が集まることから、職員同士の呼び方について話し合いました。様々な意見がありましたが、「保育は人を育てる仕事であり、命を預かり命を育てるという責任を考えると、先生と呼び合うことでその意識が高まる」という考え方で一致し、互いに「○○先生」と呼ぶことにしました。岩

● 「○○先生」と呼び合うことは決めていましたが、苗字か名前かは本人に決めてもらいました。私は「和恵先生」と呼んでもらっています。汐

● 男性保育者に対し、先輩の立場である保育者が「○○くん」と呼んでいるのをよく耳にします。親しみを込めているのだと思いますが、目上の人には「くん」づけで呼ばないことを考えると、子どもの前では呼ばないほうが適切ではないかと思われます。汐

あなたの園でも考えてみましょう!

● 職場の人間関係に課題はありますか。解決法を考えてみましょう。

● 仕事の分担について、ルールを決めていますか。

● 職員の呼び方についてルールを決めていますか。

基礎講座

円滑なコミュニケーションの基本

円滑なコミュニケーションのためのポイントを挙げます。

・挨拶は全員にする

・情報は自分から発信する

・こまめに感謝の言葉を伝える

・相手の言葉を否定せず、まずは受け入れる

・「私はこう思う」と、"私"を主語にして発信する

保護者と向き合う
（その1）

保護者と良い関係を築くために、どのような態度、言葉を意識したらよいのでしょうか。

日頃の挨拶や会話で信頼関係を築いておく

保護者対応では、年齢や職業、家族構成、見た目などで先入観をもたないのが基本です。そして、保護者を子どもの親として尊重する姿勢を大切にします。

様々な事情を抱える家庭があり、なかには子育てに苦心しているように見える場合もあるかもしれません。それでも「指導しよう」「教えてあげよう」などの意識

キホンのマナー

子どもの親として尊重し、謙虚な気持ちで向き合う

はもたないようにします。保育者は常に謙虚な気持ちで保護者と向き合いましょう。

日頃から、保護者との挨拶やちょっとした会話を重ね、関係性を築いておくことも大切です。そうすることで、何かあった時に話しやすくなります。

大切にしたいのは、園での子どもの姿を具体的に伝えること。保護者にとっては、自分の子を見てくれていると感じることが何よりうれしいのです。成長を共に喜び合うことで、信頼関係が築かれます。

保護者からの相談は園で共有を

保護者から相談をもちかけられたら、話を聞いてもらいたいだけなのか、具体的な解決策を求めているのかをまずは見極めます。解決策の提示が必要な場合は、担任だけで答えられるのか、園長や主任につなげたほうがよいのか判断して対応しましょう。

相談を受ける際、言葉遣いを間違えると相手の気分を害することがあるので正しい敬語表現を身に付けましょう。また、相手の意図を正しく理解するために、できるだけ複数で話を聞き、園内で正確に共有することも大切です。

相談の内容によっては、時間や場所を改めるなどの配慮も必要です。なお、相談で知ったプライベートな事情についてはたとえ解決してからでも、ほかの人のいるところで話題に出さないようにしましょう。

クレームには真摯に対応を

園に対する不満（クレーム）の場合には、率直な意見は園にとってありがたいことだと真摯に受け止め、できるだけすぐに対応します。理不尽であると感じても、言い訳や反論をせず、まずは話を聞くことで信頼関係を築いていきましょう。

私たちの考えるマナー
Point ❶

保育者と保護者は、子どもを真ん中にして対等な関係性を築きます

保護者を変えようとしない

● 職員には、「子どもや保護者との出会いに感謝し、その存在を丸ごと受け止められるよう、器の大きな人になりましょう」と話しています。「丸ごと受け止めるとはどういうことか」と聞かれますが、まずは職員とそこを考えることから始めます。井

● それぞれの人生を背負った保護者の考え方を園が変えることはできません。変えようと思ってもいけません。子どもが育つために保育者は何ができるのかという考え方を大切にして保護者に向き合います。岩

私たちの考えるマナー Point ❷

送迎時には、できるだけ顔を合わせて声をかけます

表情から保護者の気持ちを読み取る

● 送迎の保護者の様子が見えるように、玄関横にある事務所のドアはいつも開けておきます。そして、送迎に来た保護者とはできるだけ顔を合わせて挨拶します。汐

● 日頃から保護者の表情をよく観察し、いつもと様子が違うようなら「何かありましたか？　困っていませんか？」などとこちらから声をかけます。岩

●「今日のスカート、すてきな色ですね」などの何気ない会話も、保護者との距離を近づけます。井

私たちの考えるマナー Point ❸

連絡帳の書き方を工夫し、保護者との関係づくりに役立てます

保育者同士、学び合う

● 連絡帳は、保護者との関係性を築くための大切なツール。保護者からの質問には必ず答えるようにすること、子ど

もの育ちが伝わるような書き方にすることが信頼につながります。井

● 園の会議で全クラスの連絡帳の一部をコピーして全職員で読み合うことで、良い表現を確認し合い、連絡帳の書き方をスキルアップすることができました。岩

私たちの考えるマナー Point ❹

共に子どもを育てるパートナーとして保護者と力を合わせます

保護者の得意分野で力を借りる

● パソコン作業や大工仕事など、高い専門性をもっている保護者に声をかけて、得意分野で力を借りてみてはどうでしょうか。こんな子育てへのかかわり方もあるのだと気付き、喜んで手伝ってくれる方が多いのではないかと思います。汐

あなたの園でも考えてみましょう！

● 保護者と向き合う時のルール（言葉遣い、連絡帳の書き方など）を決めていますか。

● 保護者からの相談について、報告の流れ（仕組み）を決めていますか。

● 相談の場所や時間を決めていますか。

子どものけがやトラブルを
保護者に電話連絡する時の注意点

保育中の子どものけがやトラブルなどの報告で、保護者に電話をすることがあります。その場合の注意点を挙げます。

深夜や早朝は避ける

緊急連絡以外は、時間帯に配慮して電話をかけます。夕食時や深夜から早朝（21 時～8 時頃）の時間帯はできるだけ避けます。

伝える内容を整理する

できるだけ簡潔にわかりやすく伝えられるよう、あらかじめ伝える内容を整理してメモしておきます。必要な書類等があれば、手元に置きます。

はじめに用件を述べる

園から連絡があると、「何を言われるのだろう」と身構える保護者もいます。初めに「○○ちゃんが転んでけがをした件でお電話しました」などと用件を述べましょう。

子どものせいにしない

本人が自分で転んでけがをしたような場合でも、子どものせいにする言い方は避けます。「目が行き届かず、申し訳ございません」などと丁重にお詫びをします。

対応を説明する

病院に行く必要がない程度の軽いけがでも、「これくらい」と考えず、事情を伝えて、施した手当などを説明します。

※「保護者の相談を受ける時の言葉遣い」を 40 ページに掲載しています。

保護者と向き合う

（その2）

保護者会やクラス懇談会などの場での話し方、心がけについて考えます。

日頃の感謝を言葉にして伝える

保護者会など、多くの保護者に向けて話をする時は、まず園運営に対する理解と協力に対する感謝を伝えます。合わせて、忙しいなかで時間をつくり、足を運んでくれたことへの感謝も伝えましょう。

クラスの子どもの様子など伝える内容については、あらかじめ園長や主任などと共有、その内容で良いか確認してもらいます。

キホンのマナー

馴れ合わず、節度をもって話す

保護者には、子どもの目に見える姿だけではなく、その取り組みを通してどのような力が育っているのかや、その活動にどんなねらいがあるのかを伝えることが大切です。話す内容について十分に準備しておくことで、緊張を和らげ、余裕をもって対応することができるでしょう。

ゆっくり落ち着いて
丁寧に話す

話し方については、ゆっくり落ち着いて話すことを意識します。言葉遣いは丁寧に、正しい敬語で話しましょう。

なお、保護者全員へのお知らせについては、「聞いていない」というトラブルを避けるためにも欠席者を確認し、欠席者には電話や書面などで、後日、保護者会で話した内容を知らせるようにします。

親しくなっても
保護者は友だちではない

保護者と毎日、顔を合わせるうちに、互いに親しみを感じることはあります。でも、相手はあくまで園児の保護者であり、プライベートな友だちではありません。仲良くなることと、保育者と保護者との信頼関係は別物です。そこを勘違いして、友だち同士のような馴れ馴れしい態度やくだけた言葉遣いをすることは、マナーに反しているという意識をもってください。

一方的な発信だけでなく、共に語り合う場をつくります

グループワークで
一緒に学び合う

● クラス懇談会などでは、保育者が一方的に話すだけではなく、グループワークなどを企画して、保護者も一緒に話し合う機会をつくることをおすすめします。その輪の中に保育者も加わり、一緒に学び合うのです。保護者はもちろん、保育者にとっても、大きな気づきが得られるでしょう。保護者同士がつながる機会にもなります。 井

● 職員も保護者も1分間スピーチを行い、互いの理解につなげたことがありました。保護者同士が仲良くなるきっかけづくりとしても効果的だったと思います。 井

あなたの園でも
考えてみましょう!

● 正しい敬語を使えていますか。

● 保護者会の進行の仕方について、新しい手法を学び合っていますか。

● 保護者会での子どもの姿の伝え方について考えてみましょう。

基礎講座

保護者の相談を受ける時の言葉遣い

応対した保育者の言葉遣いやマナー違反、確認不足から、保護者の信頼を失うことがあります。より良い関係性を築くために、保護者からの相談を受ける時に役立つポイントを紹介します。

> 相談を受けたことの意味や内容をよく理解できなかった時は、丁寧な言葉で確認します。相手の発言をくり返して声にすることで、保護者自身が自分の発言内容を整理できるうえ、誤解が避けられます。

「今おっしゃったことは、○○ということでしょうか」

> すぐに答えられない相談の時は、少し時間をもらい、自分で調べたり、園長や主任につないだりします。その際、相談内容を園長などに伝えることを、保護者に確認しましょう。

「今すぐはお答えしかねますので、改めてお返事いたします」

「私ではお答えしかねますので、
園長（主任）に確認してからお返事します」

「ご相談の内容を園長（主任）にも伝えてよいでしょうか」

> 先に保護者から要望を伝えられ、それを引き受ける時の言い方です。保護者からすると、「しっかり伝わった」「聞いてもらえた」という安心感につながります。ちなみに「了解しました」は、部下や目下の人に使う言葉とされているので避けましょう。

「かしこまりました」
「承りました」
「承知いたしました」

正しい敬語表現

保護者と向き合う時は、正しい敬語を使いましょう。保育者の専門家として信頼を得ることにつながります。

通常語	尊敬語 相手を敬う表現。 保護者の行為に対して使います	謙譲語 相手に対してへりくだった表現。 自分や園の行為に対して使います
言 う	おっしゃる、 言われる	申す、 申し上げる
聞 く	お聞きになる	伺う、 お聞きする、 拝聴する
見 る	ご覧になる	拝見する
読 む	読まれる、 お読みになる	拝読する
す る	される、 なさる	いたす、 させていただく
い る	いらっしゃる、 おいでになる	おる
行 く	行かれる、 いらっしゃる	伺う、 参る
来 る	お越しになる、 お見えになる、 いらっしゃる	伺う、 参る
会 う	会われる、 お会いになる	お会いする、 お目にかかる
知 る	ご存じ	存じる、 存じ上げる
わかる	おわかりになる	承知する
もらう	お受け取りになる	いただく、 頂戴する
食べる	召し上がる	いただく、 頂戴する
持っていく	お持ちになる	持参する、 持って参る、 お持ちする

間違いやすい敬語

○ 〜でよろしいでしょうか？　　　× 〜でよろしかったでしょうか？

○ 〜様でいらっしゃいますか？　　× 〜様でございますか？

○ お疲れさまです　　　　　　　　× ご苦労さまです

近隣との付き合い

園が近隣と良い関係であるために、何に気をつければよいでしょうか。

キホンのマナー

情報を発信する

園への理解を得るため

日頃の挨拶を欠かさず

近隣を味方につけ、一緒に子どもたちを育てていく

近年、園と近隣との関係づくりが大きな課題となっています。新規開園を反対されたり、「子どもの声がうるさい」と訴えられたりなど、近隣との付き合いに頭を悩ませている園もあるようです。

一方、園には地域の子育て支援の拠点として、また地域コミュニティの要としての役割が求められています。近隣を味方につけ、地域で一緒に子どもたちを育てていきましょう。

地域とのつながりは挨拶から

地域には、自然、人、施設、行事等、多様な社会資源が存在しています。地域と良い関係をもつことで、子どもの出合

いや経験の幅を広げるきっかけとなり、保育にも良い効果をもたらします。

地域とのかかわりにおいて、まず大切なのが挨拶です。園に親しみをもってもらえるように、職員全員に対し、来園者や地域で出会う人みんなに挨拶する習慣を徹底します。散歩などで園外に出る際は、子どもも自然に挨拶ができると良いですね。

さらに、園の保育に理解・共感を得るための働きかけも重要です。園で運動会やバザーなどたくさんの人の出入りや大きい音が想定されるイベントがある時は、あらかじめ地域を回って知らせ、理解を得ておくようにします。日頃から挨拶し合う関係があれば、理解が得られやすくなります。地域の人が園のイベントに参加できる機会をつくるなど、園を身近に感じてもらえるようお礼の気持ちを表すとさらに良いでしょう。

保護者の協力も得て円満な関係づくりを

保護者にも近隣との関係づくりの協力をお願いする必要があります。送迎時の保護者同士の会話や子どもの声は意外に響き、園の周辺での立ち話は、通行の妨げになることもあります。

子どもの送迎に車や自転車を利用する場合、無断駐車・駐輪はしない、交通ルールを守ることも徹底しましょう。できるだけ公共の交通機関を利用するように促す努力も必要です。

私たちの考えるマナー Point ❶

自治会に積極的に参加し、互いに顔の見える付き合いを心がけます

こちらから近づく努力をする

● 園がビルの1階に入っているため、開園してすぐ、ビルの理事会に入れてもらいました。互いの事情を理解するためにも、こちらから近づこうとする姿勢が必要です。 岩

● 園長時代は毎年、近隣のお宅すべてに挨拶回りをしていました。実際に顔を合わせることで、病気の方がいる、ご高齢の方がいる、夜勤の方がいるなど、それぞれの事情が見え、何に配慮すべきかがわかりました。 井

エピソード 親子2代の縁も

園の近所にお住まいの茶道の先生のご厚意で、年長組の子どもに「お茶」を教えていただいています。長く続いていて、園の伝統行事として根づいています。親子2代でお世話になっている家庭もあるようです。地域の方とこうして良い関係が続いていることを心からうれしく思っています。 井

苦情は気づきのチャンス。「ありがとう」と感謝して受け止めます

いただいた意見はみんなで共有

● 私の園には園庭がないので、近隣の公園や広場を外遊びに使わせてもらっています。子どもたちが走り回るので「芝生が傷む」とか、新聞紙を丸めたボールを使っていても「危険だからやめてほしい」とかお叱りを受けることがあります。こちらにも思いはありますが、いただいた意見については「気付かせていただいた」と受け止め、みんなで共有しています。 岩

● 園で子どもが遊ぶ声がうるさいという苦情もあります。理不尽だと思いがちですが、「夜勤で、昼に寝ている人にはうるさいかもしれない」などと、相手の事情に想いを馳せることも大切です。苦情は、園が存続していくための宝です。互いにとっての落としどころを見つけていく工夫が大切だと思います。 井

地域に開かれた園として、近隣住民との良好な関係をつくりましょう

親しくなることで理解が深まる

● 落ち葉の掃き掃除や雪かきなどは、園の前だけでなく、周辺まで広く行うと、近隣の方々との会話のきっかけになります。 井

● 町会の掲示板で呼びかけ、近隣家庭の不要なこいのぼりやおひなさまを寄付していただきました。予想以上に集まったおひなさまは同区の他園にもお譲りしました。付き合いが広がるにつれ、近隣の方が手作りの飾り物や育てた花を持ってきてくださることも。園や保育への理解が深まったためか、ありがたいことにほとんど苦情はありません。 汐

● 公園などに散歩に行って、地域の別の園の人たちに出会うことがあります。必ず「○○園です。こんにちは」と名乗り、挨拶をするようにしています。これがきっかけで、一緒に活動するなど交流が生まれたこともあります。 汐

あなたの園でも考えてみましょう!

● 近隣の方へどのような配慮や働きかけをしていますか。

● 近隣に迷惑をかけないために保護者に協力を求めることは？

地域の会議などでの自己紹介のマナー

園の代表として地域の会議に出席するなどの際、自己紹介を求められることがあります。そのポイントを紹介します。

1 最初の挨拶

「はじめまして」「いつも大変お世話になっております」「こんにちは」など

2 名前を名乗る

園名と自分の名前、担当等をはっきりと述べる。

「〇〇園から参りました、〇歳児クラス担任の〇〇〇〇と申します」など

3 一言述べる

会議の目的に応じて、意気込みやエピソード等を手短に付け加える。

「〇〇について、皆さまのご意見をいただけたらと思っております」など

4 締めの挨拶

「よろしくお願いいたします」など

5 お辞儀

最後にお辞儀をする。　※お辞儀の基本は p.57 参照

注意点

●背筋を伸ばし、明るい表情で話す。
●わかりやすい言葉で、ハキハキと話す。
●話すスピードは、速くならないように気をつける。
●手は体の前で自然に組む。

園という場で出会った保育者、
保護者、子どもみんなが
笑顔でいられるために、マナーがあります。
人間にはだれでも足りないところがあります。
互いにそれを認め合い、
思いやりをもち合う関係性が
居心地のよい空間をつくります。

岩井久美子

Part 3

社会人
としての
マナー

園という社会において、
一般的なマナーやルールをどう捉え、
具体的にどう反映させればよいのか
をまとめます。

園の玄関。
来客対応と、玄関に届く職員の声

気になるところはありましたか？

マンガには、保育におけるマナーを考えるうえで大切なポイントが
盛り込まれています。違和感をもったかもたなかったか、
どこにどんな違和感をもったかを職員間で共有し、
園のマナーを考えるきっかけにしてください。

来客への応対に ついて何か 感じましたか？	電話での応対に ついて何か 感じましたか？	職員の会話に ついて何か 感じましたか？

次は現場の事例から、社会人としてのマナーについて、考え方を紹介します。

保育中の服装

保育をするのに、ふさわしい服装について考えます。

キホンのマナー

保育者も
保育環境の一部と捉え
個性は可能な範囲で

清潔で動きやすく、汚れても洗える素材の服が基本

　保育者の服装は園ごとに様々。ユニフォームやTシャツなどが支給される園、一定のルールがある園、全く自由な園など、その違いは園の保育観とおおいに関係があります。まさに園の文化があらわれやすい部分だと言えるでしょう。

　園のある地域の特性や保育の特徴（山の中にある、自然保育を行っているなど）から、かなりカジュアルな格好でも良しとされていることもあります。そのような園では、あまり堅苦しい格好をすると保育に取り組みづらくなるかもしれませんね。

　いずれにしても基本は、清潔で動きやすく、汚れても良いものに着替えて保育

をすること。子どもとふれ合うことを考えて、デザインや素材にも気を配ります。

子どもにとっては保育者も環境の一部であることを踏まえ、ルールがあるなかでも、可能な範囲で保育者の個性やセンスが表現できると良いですね。顔まわりに明るめの色を選ぶと、いきいきとした印象になり、模様や柄に子どもが興味を示し、話題が広がることもあります。

改まった場は、園の決まりごとの中で自分に似合う装いを

卒園式や入園式など、改まった場での服装に悩む保育者は多いようです。

園として式典の時のドレスコードがあると、保育者は迷わずにすみます。新人や中途採用などその園での式典への出席が初めてだという人には、前年の写真を見せて具体的に伝えます。ある程度の決まりごとの中で、保育者にそれぞれ自分らしさを出してもらうようにしましょう。

大切にしたいのは、式典の主役はあくまで子どもと保護者だということです。あまりに派手なもの、目立ちすぎるものは避け、シンプルなセレモニースーツなどを選びます。卒園式の場合は黒やグレー、ネイビーなどのダークカラー。入園式の場合は、春らしく明るさや優しさのある色合いのものが良いでしょう。

なお、入園式は子どもが落ち着かないこともあるため、式の最中も保育者は立ったり座ったりして動き回る場面が多いことが想定されます。パンツスーツや、スカートなら膝下丈やフレアータイプのものなど、動きやすいものをおすすめします。

私たちの考えるマナー
Point ❶
専門家としての誇りをもって保育中の服装を考えましょう

保護者の視線も意識する

● 保育者は子どもとかかわる専門家。とはいえ、いまだ保育者には「子守りをする人」というイメージが残っています。その1つの象徴がエプロン。私の園では、食事の介助時以外はエプロンの着用はせず、その人らしい服装で保育をしています。専門家として誇りをもって仕事をしてもらいたいためです。タ

● ジャージ等はたしかに動きやすいかもしれないけれど、専門家として働くにはあまりにラフすぎる印象があり、ふさわしくないように感じます。保護者の視線も気になりますよね。井

エピソード　**短パンにサンダルで通勤**

通勤時の服装は原則、自由ですが、ある男性保育者が短パンにサンダル履きだったことがありました。「万が一、保護者に謝罪や説明に伺う必要ができた場合にどうですか?」と話しました。その方は、自分で考えて、翌日から改めてくれました。井

子どもにとって
保育者も環境の一部だと
意識します

自分らしさを
大切にする

●保育者には、それぞれ自分らしいおしゃれをしてほしい。子どもはそこにいる大人からいろいろなことを学びますから。「おしゃれだな、ステキだな」と感じる保育者がいる環境も、子どもには必要だと思います。岩

●子どもは保育者をよく見ています。私が髪型を変えた時も「先生、髪切った？」といちばんに子どもに声をかけられたことがありました。井

●私の園では、パンツ姿の保育者もいれば、ごく自然にスカートをはいている保育者もいます。保育に支障が出なければ、どちらの服装もすてきだと思います。汐

園全体で保育中の
服装について話し合う
機会をつくっても

価値観のすり合わせをする

●園長としての考えを示しながらも、年度始めなどに「みんなはどう思う？」と服装について意見を聞いています。園ごとに一定のルールはあると思うのですが、上からの押しつけになるのはよくないので。「アクセサリー禁止」の園もあるようですが、私はアクセサリーを全面的に禁止する必要はないと思います。担当する子どもの年齢によっては難しいですが、海外の保育者を見ると、ピアスなどをつけていることもあります。汐

あなたの園でも
考えてみましょう！

●保育中の服装や髪型、アクセサリーなどについて、ルールを決めていますか。

●なぜそのようなルールがあるのか、話し合ってみましょう。

●式典の際の服装について、確認し合いましょう。

好感を与える身だしなみ

社会人としての基本の身だしなみをまとめます。個性を大切にしながらも、
社会人として相手を不快にしない身だしなみを目指しましょう。

※その園のルールに従います。

保育中

・髪はカラーリングを
　するなら地色より
　ワントーン
　明るいくらいまで

・表情がよく見えるように
　髪が長い場合は
　きちんとまとめる

・服装は動きやすく、
　汚れてもよいもので

・汗で落ちたり、
　子どもについたり
　しないように
　ナチュラルメイクが基本

・子どもを傷つける
　可能性があるような
　アクセサリーはしない

・子どもを傷つけない
　ように爪は短く整える

・不快感を与えないよう、
　ひげやムダ毛はそる

入園式

・髪型はきちんとまとめて

・ブラウスシャツは素材やデザインなどで
　柔らかさやさわやかさを演出する
　（リクルートスタイルに見えないように）

・明るい色のコサージュやネクタイ、
　パールなど上品さのあるアクセサリー

・透けるストッキング
　（素足や黒いストッキング、タイツはNG）

・少しヒールのある靴（女性）
　濃い色の革靴（男性）

卒園式

来客を迎える

園に見学者や園内研修の講師などの来客を迎える時に、気をつけるべきことを考えます。

「園の主役は子ども」のスタンスは崩さない

園には、子どもを入園させたいと考えている保護者や他園からの見学者のほか、行政関係者や各種取引先、学生、地域の方々など、様々な来客があります。その際、どのような応対をされたかによって、園の印象や評価が決まります。どのような来客に対しても職員全員が丁寧に応対できるよう、研修などを通して園としてのルールを確認しましょう。

キホンのマナー

来訪を歓迎していることが伝わる明るい応対を

何よりも職員に伝えたいのは、いきいきとした笑顔の挨拶です。そのためにも来客の予定はできるだけ職員全員に周知しておき、「こんにちは。お待ちしておりました」と来訪を歓迎していることが伝わるような応対ができるようにします。園内で来客とすれ違う時は、明るく笑顔で「おはようございます」「こんにちは」などの挨拶ができると良いですね。

一方で、保育中は「園の主役は子ども」というスタンスを崩さないことも大切です。保育者が子どもと向き合っている時に来客への挨拶を優先させる必要はなく、軽く会釈をするくらいでよいでしょう。

園内を案内する場合も子どもの活動を妨げないように、例えば食事や午睡の時間帯には保育室への入室を断るなどの配慮は、保育の現場として必要です。

応接室等での応対は
落ち着いた所作で

応接室や職員室などに来客を案内する場合は、ノックして空室であることを確認してドアを開けます。事前に来客予定がわかっている場合は、照明、温度調整等、事前準備をしておきます。

来客を案内して、上座*にかけていただいたら、「○○は間もなく参りますので、しばらくお待ちください」と言い、「失礼いたします」とお辞儀をして退室します。この時、ドアは静かに閉めるようにしましょう。お茶出しなどで部屋に入る場合も、ノックをしてから入室します。落ち着いた所作を心がけることが大切です。

私たちの考えるマナー
Point ❶

職員には、「インターフォンの応対は意識して明るく」と話しましょう

最初のやりとりで
園の第一印象が決まる

● 園への来訪で最初の応対となるインターフォンは、顔が見えないやりとりになります。声のトーンによって、"怪訝そうだな""面倒そうだったな"などと思われてしまうこともあります。インターフォンは園の第一印象を大きく左右するため、職員には明るい声で話すようにと伝えています。 岩

● 来客の予定をあらかじめ職員と共有しておいて、最初にやりとりした職員が「お待ちしておりました」と言えると、歓迎の気もちが伝わりなお良いですね。 井

● 玄関を入った時の第一印象は大切です。きれいに整えておくことはもちろん、季節の花や絵、小物などを飾り、ホッとできる雰囲気をつくることも大切なおもてなしになります。園では、つい子ども向けのしつらえに偏りがちですが、園は大人も子どもも共に過ごす場所。私は大人も心地よいと感じるしつらえが大事だと思っています。 岩

*上座とは、いちばん目上の人や年長者が座る席で、通常は、出入り口からいちばん遠い席。

私たちの考えるマナー Point ❷

来客の予定は玄関横のプレートに書いて保護者にも知らせています

保護者に不安を与えない

●来客の予定はミーティングなどで事前に職員に伝えるとともに、玄関に設置した連絡用のプレートに "本日のお客さま" として、何時にだれが来るかを記入しています。職員はもちろん、保護者にも知らせておくためです。お迎えに来た時に園内に知らない人がいると保護者は不安になります。小さなことですが、こうした気遣いが園の信頼につながるのではないでしょうか。　汐

私たちの考えるマナー Point ❸

園はあくまで「子どもファーストの場」であることを説明します

子どもの遊びを妨げない

●来客に保育室を見学してもらう時は、まず廊下から室内の様子を確認し、入っていいかどうかを判断します。子どもが集中して遊んでいる時、保育者

が真剣に子どもに向き合っている時は保育室に入らず、廊下からの見学のみにします。また、入る時は子どもに「入っていいですか」と尋ね、「いや」と言われたら入りません。　汐

●来客には、園はあくまで「子どもファーストの場」であることを説明し、納得してもらったうえで見学してもらいます。　井

あなたの園でも考えてみましょう！

●来客を迎える時のルールを決めていますか。

●来客に対するマナーとして実践していることは何ですか。

来客の応対

園の印象がアップする来客の迎え方のポイントを紹介します。

1 挨拶する

明るく笑顔で
「こんにちは」。

2 応対する・取り次ぐ

・自分が約束した相手や事前に
　知らされていた来客の場合

　「お待ちしておりました」。

・アポイントのない来客の場合

　相手の名前・用件と、
　自園の担当者名を尋ね、
　「しばらくお待ちください」
　と告げて担当者に確認。

3 案内する

担当者から指示された応接室や
職員室などに
「どうぞ、こちらへ」と誘導する。

4 入室する

ノックをしてからドアを開ける。
「こちらにおかけください」と、上
座ないしは座ってもらいたい場所
に案内する。

5 退室する

「○○は間もなく参ります。今しば
らくお待ちください」「失礼いたし
ます」とお辞儀をして退室する。

お辞儀の基本

1 背筋を伸ばし、相手の目を見る

2 腰から折るように上体を前に倒す

3 止めたところで、一呼吸静止する

4 ゆっくりと上体を上げる

5 もう一度、相手の目を見る

改まった
挨拶に

45°

来客とすれ違う
時などに

15°

電話に出る

だれが出ても園として恥ずかしくないよう、電話応対のマナーを確認しておきましょう。

応対の仕方ひとつで、園の印象が決まる

園には、在園児の保護者、入園希望の保護者、地域の人、取引業者など、不特定多数の相手から電話がかかってきます。相手の姿が見えない電話では、応対の仕方ひとつで、園の印象を損ねることにもなりかねません。

携帯電話の普及により、社会に出るまで固定電話（家電）に出たことがない、電話を取り次いだことがないという保育者が増えています。「園の電話に出るのが怖い」という新人保育者の声もあります。

キホンのマナー

電話応対は、正しい言葉遣いでわかりやすく

実際の電話応対を確認し、その都度指摘する

　電話に出たら名乗る、だれかに代わる時は「少々お待ちください」と言い保留にするなど、当たり前に思われるマナーでも、固定電話に出たことがなければ知らないかもしれません。園の職員という身内に、「○○先生」と敬称をつけて呼んだり敬語を使ったり（「園長先生はいらっしゃいません」など）、あいづちを「はい」ではなく「うん」と言ったりする保育者は少なくありません。気になったことは、できるだけその都度、注意します。また、職員会議などで周知し、全員が気をつけられるようにしていきます。

　だれが電話に出ても園として恥ずかしくない応対ができるよう、早い時期に園内研修などの機会を利用して、電話応対のマナーを確認しておきたいものです。研修の時間をつくるのが難しい園でも、最低限必要なマナーについて、年度始めの準備日に確認し合うようにしましょう。

連絡用の例文を用意し実践練習を

　園から保護者などに電話をかけることもあります。例えば、園児の急な発熱やけがなどの際には、保護者に状況の説明やお迎えの依頼を電話で伝えることがほとんどでしょう。伝える内容がデリケートなことも多いうえ、かつ、短い時間でわかりやすく正確に伝えなければなりません。

　相手に不愉快な思いをさせないために

も、想定できる内容については、例文を作っておくとよいでしょう。ただし、相手の状況によって臨機応変な対応が求められるので、園内研修などで実践練習をしておくことをおすすめします。

　なお、保護者からの質問などで返答に困る内容にはあやふやなまま答えず、その場で担当者に確認するか、「園長に代わります」など然るべき人に応対を任せます。担当者も応対できる人もいない時は、「確認して折り返しお返事いたします」と伝えましょう。

　「今、保育中なので、○時以降に改めてお電話させていただいてもよろしいでしょうか」などと伝えておくと、子ども主体の保育という園の姿勢が伝わり、相手も予定が立てやすくなります。

私たちの考えるマナー
Point ❶
子どもについての重要な情報は職員間で共有します

情報共有し臨機応変に対応

●子どもがけがをした、子ども同士のトラブルがあったなどの重要な情報は職員間で共有します。全員がそのことを知っていれば、その子どもの保護者から電話がかかってきた時に、臨機応変

に対応することができます。また、だれにつなげばよいかもわかります。岩

●子どもが熱を出した時など、保護者が電話に出ないため留守番電話でメッセージを残すこともあります。折り返し電話がかかってくることが想定されるので、あらかじめ「こういう理由で○○さんから電話があると思います」とほかの職員にも伝えておけば、電話がかかってきた時に「○○さんですね。担任（看護師）に代わりますね」などと、すぐにつなぐことができます。職員間がきちんと連携していることが伝わり、保護者の信頼も高まります。岩

私たちの考えるマナー
Point ❷

ほかの園との電話で
気になったことは
自園でも気をつけます

相手を長く
待たせない

●ほかの園に電話をした時に「少々お待ちください」と保留にされ、延々と待たされたことがありました。広い園の中を探しているうちに時間が経ってしまうのはよくわかりますが、待たされているほうとしては焦れてしまいます。すぐ近くにいないようだったら、「こちらからかけ直します」と伝え、いったん電話を切ったほうがよいのではと思い、自園ではそのように指導しています。汐

あなたの園でも
考えてみましょう！

●電話の応対について、学ぶ機会を設けていますか。

●電話での話し方について、気になることはありますか。

電話の応対

園の印象を良くし、社会人としてのマナーを踏まえた電話の応対のポイントを紹介します。

電話をかける

1 名乗り、相手を確認・呼び出しを依頼する
（相手が先に名乗ったら不要）

「○○園の△△と申します」
「○○様のお宅ですか」
「○○様はいらっしゃいますか」
　　　　　　　　　　　　など

2 挨拶する

「いつもお世話になっております」
など

3 都合をきく

「今、お時間はよろしいでしょうか」

4 用件を簡潔に伝える

**（例）
保護者に発熱・お迎えの依頼**

「○○ちゃんですが、お昼寝のあと少し元気がなかったので、熱を測ったところ、38度5分ありました。水分をとって、今、保健室で寝ています。お忙しいところ恐縮ですが、お迎えをお願いいたします」

5 お礼を述べて切る

「お忙しいところありがとうございました。失礼いたします」など

電話を受ける

1 名乗る

「はい。○○園の△△です」

2 相手の名前を確認し、挨拶する

・相手が自分から名乗ったら

「○○の△△様ですね。いつもお世話になっております」
「○○組の△△さんですね。こんにちは」など

・相手が自分から名乗らなかったら

「失礼ですが、どちらさまでしょうか」

3 取り次ぐ　または　伝言を確認する

・取り次ぎを求められた場合

「○○ですね。少々お待ちください」

・すぐに出られない場合

「大変申し訳ありません。○○は今手が離せませんので、折り返しお電話いたします。番号を教えていただけますか？」

・取り次ぐ相手が不在の場合

「申し訳ございません。○○はただいま、外出しております」

→「折り返しおかけいたしますか」
「伝言を承りましょうか」
伝言の場合は必ずメモをとり、復唱して確認をする。

！

自園の職員の名前や役職に敬称をつけない。
敬語を使わない。

（例）　○「（園長の）○○は外出しております」
　　　　×「園長先生はいらっしゃいません」

個人情報を扱う

子どもや保護者、家庭の情報を守るために気をつけるべきことがあります。

キホンのマナー

業務上知り得た情報は人に漏らさない

保育者の守秘義務は法律で課せられている

子どもや保護者、家庭に関する情報について、園は「個人情報の保護に関する法律（個人情報保護法）」や関連法令等を守り、適切に取り扱う必要があります。

多くの園では、個人情報の取り扱いに関する体制・基本ルールを策定して明文化し、保育者とは入職時に読み合わせをしたり、誓約書にサインをしてもらったりなど確認し合っているはずです。

また、保育者には「児童福祉法」において、守秘義務が課せられています。これは「業務上知り得た情報をみだりに人に漏らしてはいけない」というものです。ホームページやドキュメンテーションなど、園から情報発信する際には、これにのっとって進めなければなりません。

情報をほかに漏らすと、たとえ悪気はなくても訴えられることがあります。これらのことをしっかり理解することが保育業務の基本です。

SNSは気軽なツールだけに より慎重な利用が求められる

ここ数年のスマートフォンやタブレット端末の急速な普及により、保育の現場でも、メールや、LINEなどのSNSを利用して保護者とコミュニケーションをとるケースが増えてきました。

メールやLINEは、日常的な連絡のほか緊急の連絡にも使え、一斉に発信できたり、電話に比べて発信する時間帯をあまり気にしなくてよい便利なツールです。

保護者にとっても、仕事の合間や移動中など場所や時間を問わず確認できるというメリットがあります。ですが、気軽なだけに、より慎重に利用しないと、小さな言葉の行き違いから大きなトラブルへと発展することがあるので注意が必要です。

保護者のメールアドレスやアカウントは個人情報として厳重に管理することが大切です。メールやLINEでの配信を始める時は、あらかじめ保護者の同意を得ておきます。

記事の内容は ほかの職員もチェックする

SNSは想定以上の範囲にまで公開される可能性もあり、情報の管理には細心の注意が必要です。また、発信した情報には発信者（園）の責任が求められます。

園の日常の様子や様々な情報を公開する場合は、写真の取り扱いや内容に注意し、記事を作成したらほかの職員もチェックするなど確認体制をつくり確実に実行しましょう。

私たちの考えるマナー
Point ❶

園を一歩出てからも 自分が保育者であることを 忘れないようにしましょう

園外では固有名詞を 決して口にしない

● 電車の中やレストランなど園の外での会話は、だれに聞かれているかわかりません。保育者同士の会話で子どもや家庭についての話をしないのが基本です。井

● 電車の中などでおそらく保育者だろうなと思う方が、大きな声で子どもの話をするのが聞こえてきて、ヒヤヒヤしたことがあります。保育者として、マナー違反ですね。岩

● 保育者はつい子どもの話をしたくなっ

てしまうのですが、固有名詞は口にしない配慮が必要です。汐

 忘年会は「社長」「部長」で呼び合った

　忘年会など、職場の仲間で集まった時、園の関係者だとわかって聞き耳を立てられてもと思い、互いに「社長」「部長」などと呼び合ったことがありました。一般企業の集まりだという雰囲気を出してみたのです。冗談半分での試みですが、楽しい思い出です。井

私たちの考えるマナー Point ❷

SNSなどを利用する時は、細心の注意を払いましょう

むやみに情報をアップしない

● 園のホームページやブログなどに子どもの写真を掲載してもよいと、入園時に保護者から許可を得ている場合でも、園の関係者以外の人がアクセスできる外の媒体に掲載する時には念のため、再度確認を取るようにしましょう。井

● 職員の個人のSNSには、どんな場合であっても園や子どもの写真や情報は載せません。岩

私たちの考えるマナー Point ❸

保護者による個人情報の流出にも注意喚起しましょう

写真の扱いには特に気をつける

● 園の掲示物やドキュメンテーションなどを、携帯電話等でメモがわりに撮影する保護者が増えています。活動中の子どもの顔や名前などの個人情報も含まれているので写真等の扱いには十分に注意する必要があるということ、それは子どもの権利を守ることにもつながるということを、保護者会などで丁寧に説明すると良いと思います。井

● 保育参加中は、保育に参加することに集中していただきたいので、子どもの様子を撮影することはご遠慮いただいています。汐

あなたの園でも考えてみましょう！

● 園の個人情報取り扱い基準を再度確認しましょう。

● 園のホームページやドキュメンテーション作成後、個人情報や掲載内容の確認をどのようにしていますか。

● 職員の個人的なメールやSNSの利用について、ルールを決めていますか。

メール・SNS の注意点

メールや SNS など、情報発信の手段は多様化しています。園から情報を発信する時の注意点を紹介します。

メールを送る時の注意点

メールを送る時は、以下の点を見直してから送信ボタンを押しましょう。

・相手のメールアドレス、宛名が間違っていないか

・内容がわかりやすい件名（タイトル）か

・挨拶文は記入したか

・本文は簡潔にわかりやすく書かれているか

・文末に署名（自分の名前や連絡先）を記入したか

・添付の資料がある場合、添付漏れはないか。正しい資料が添付されているか

・写真などを添付する場合は容量が適当か

・複数に送る時、CC か BCC の選択は適当か

SNS でメッセージをやりとりする時の注意点

大勢の目にふれること、拡散する可能性があることを意識しましょう。

・特定の個人や団体の批判は書かない

・短い言葉はきつく受け取られがちなので、文章の語尾を和らげる。場合によっては、音引きや顔文字、スタンプなども適宜使用する（相手の立場によっては顔文字やスタンプの使用は控える）

・長文は避け、簡潔に書く

＊ CC ＝ Carbon Copy、BCC ＝ Blind Carbon Copy。どちらも同じメールを複数の宛先へ送信する時に使用するが、BCC のほうは入力したメールアドレスが、ほかの送信先には表示されない。

個人的に SNS を利用する時の注意点

保育者が個人的に SNS を利用する時も、自分は保育者であるという自覚をもったうえで利用します。

● 公開範囲を友だち限定にする

● 園の子どもや保育の様子など、プライバシー侵害になるような写真などを投稿しない。著作権、肖像権についても考慮する

● 仕事上、知り得た情報を投稿しない

● 保護者や関係者が万が一見る場合を考慮し、不快だと感じる投稿はしない

休暇の取得

職場で休暇を取得する際に、配慮すべきことは。

キホンのマナー

休暇を取得する際には一緒に働く仲間に配慮する

予定が決まっているものについては、早めに申し出る

決められた範囲内で有給休暇を取得することは、労働者の権利です。2019年には、年5日間の有給の取得が義務化[*]されました。自分や家族が体調を崩した、冠婚葬祭や用事があるなどの場合はもちろん、リフレッシュのためであっても、堂々と取得して良いのです。

一方で、社会人として一緒に働く仲間に迷惑をかけないための休暇をとる際の配慮は求められます。体調不良などは突然のことなので仕方ありませんが、あらかじめ予定が決まっているものについて

[*] 2018年に「働き方改革関連法案」が成立し、2019年4月1日から、使用者は年10日以上の年次有給休暇が付与されるすべての労働者に対し、毎年5日間、時季を指定して有給休暇を取得させることが義務づけられた。

は、早めに申し出ましょう。

特に保育園などの場合、職員の勤務形態はほとんどがシフト制です。週6日開所するなかで、それぞれが週休2日を取るシフト表の作成は非常に複雑。できるだけシフト表が作成される前に申請しましょう。

突然の欠勤や遅刻は電話で説明する

体調が悪い時は周囲に迷惑をかけないために、休む決断も必要です。突然の体調不良で仕事を休まなければならない場合、電車やバスの遅延や不慮の事故などで遅刻や欠勤をする場合などには、できるだけ迅速に園に連絡を入れる必要があります。

やむを得ない事情ではあっても、担当の子どもはもちろん、同僚にも迷惑をかけることになるので、電話で状況を説明します。

メールやSNSなどの利用は改めて園内で周知を

最近は、メールやLINEなど、連絡手段が多様化しています。賛否両論はありますが、緊急の時などにそれらを利用するのは悪いことではないでしょう。

体調不良や電車の中などで電話ができない場合、取り急ぎ連絡事項を伝えるには便利なツールであり、なかにはスマートフォンのアプリを勤怠管理に活用している園もあります。

一方で、連絡が一方的になるために欠勤や遅刻に対する抵抗感が減る、相手がすぐに読んでくれるとは限らず、結果として相手に伝わるのが遅くなってしまう

などの問題もあります。

園としてどのような方法で届け出ることがいちばん良いかを話し合い、ルールを決めて職員に周知徹底しましょう。

同時に遅刻・早退、休暇などの届け出の方法についても園としてのルールを決め、守ることで、気持ちの良い職場づくりりを目指しましょう。

私たちの考えるマナー
Point ❶

職員みんなが平等に休暇を取れる体制づくりが大切です

我慢する人をつくらない

●早くに休みを申請している人がいると、そのフォローでほかの職員がその時期に休みを取りづらくなる場合も出てきます。不公平感なく取得してもらうために、年度始めに、園長である私から「全員が計画的に、見通しをもって有休を消化するように」と伝え、合わせて就業規則を確認し合いました。岩

●担当するクラスごとなど、決まったメンバーの中だけでシフトを組むと、うまく有休を消化できない人が出てくることも。そこで、必要に応じてほかのクラスからの応援を組み込むシステムをつくりました。井

事態に対応できるようにしておくこと」と言われ、本当にそうだと思いました。 井

体調管理も仕事のうち。早めの申告が職場の仲間を助けます

自分の体調の見通しを伝える

●多少体調が悪くても休まないという気持ちは立派ですが、それで急に倒れてしまっては、逆に周囲に迷惑をかけることもあります。ギリギリまで我慢して、当日の朝、いきなり欠勤連絡するよりは、あらかじめ「体調が悪いので、もしかしたら明日……」等と伝えておくほうが、周りも準備ができるので助かることも。 汐

●勤務中に体調が悪くなった時、園に看護師がいれば相談してみましょう。常に体調を意識し、早めに対処することで体調悪化を防げることもあります。 岩

エピソード　急なトラブルで休みを1日延長

まだ新人のころ、夏休みに仲間と夏山に出かけたことがあります。翌日から出勤なので帰宅するという日に、仲間の1人が高山病になってしまい下山できなくなりました。園に電話をかけて説明し、園長は「お友だちの体が何よりも大切だから」と言ってくれました。1日遅れで出勤後、改めて園長に「休暇を取る時は、あまりギリギリの予定を組まず、いざという

まとまった休暇で見聞を広げることが保育の質につながります

休暇を取りやすい雰囲気づくりを

●私の園では、全員が連続1週間以上の休暇を取れるように考えています。それだけの日数があれば海外への旅行にも行けます。保育者がリフレッシュしたり、見聞を広めたりして人として成長することは、保育をするうえでも役に立つと思うのです。 汐

●人生の夢を叶えるために、2か月間仕事を休みたいと言ってきた職員がいました。これまでの有休の範囲内でまかなえるとのこと。話し合い、その夢をみんなで応援することにしました。 岩

あなたの園でも考えてみましょう！

●休みの申し出について、園でルールを決めていますか。

●休暇は労働者の権利であると、確認し合っていますか。

休暇や遅刻・早退、直前の伝え方

休暇・欠勤・遅刻・早退は、事前にわかっていればできるだけ早く伝えることが大切です。とはいえ、直前に伝えなければならないこともあるでしょう。その場合に気をつけたいポイントを挙げます。

遅刻の伝え方

・すぐに電話をする

・遅刻の理由を明確に伝える

・出勤できる時刻の目安を言う

・担当するクラスのその日の保育の内容を伝える

・公共交通機関の遅れの場合は、遅延証明書をもらう

・出勤したら、遅刻したお詫びとフォローしてもらったお礼を言う

早退の伝え方

・早退理由を明確に伝える

・代わりの保育者に引き継ぐ

・子どもたちに話す

・出勤したら、フォローしてもらったお礼を言う

欠勤の伝え方

・すぐに電話をする

・欠勤の理由を明確に伝える

・体調不良の場合は、体の状態と今後の見通しを伝える

・担当するクラスのその日の保育の内容を伝える

・出勤したら、欠勤したお詫びとフォローしてもらったお礼を言う

休暇の伝え方

・すぐに電話をする

・休暇の理由を明確に伝える

・体調不良の場合は、体の状態と今後の見通しを伝える

・担当するクラスのその日の保育の内容を伝える

・出勤したら、急に休暇を取ったお詫びとフォローしてもらったお礼を言う

お見舞い

園児が入院したという連絡を保護者から受けた時、どう対応したら良いでしょう。

お見舞いは
保護者の了解を得てから

　園児が長期にわたる入院をするといった知らせを受けた場合は、病気やけがの内容や状態を確認し、園としてお見舞いに行くかどうか検討します。そのうえで、保護者の了解を得てからお見舞いに伺うようにしましょう。

　お見舞いは、相手の負担にならないように人数は最小限にとどめます。子どもには「みんな待っているよ」、保護者には

キホンのマナー

園の様子を知らせる
回復を願う気持ちと

園の対応を伝え、子どもの体調について負担のない範囲で聞くとともに「お大事に」などと伝え、時間も短く切り上げましょう。

公立の園等では、見舞金や品物を持参することは禁じられていることが多いです。子どもの年齢にもよりますが、クラスの子どもたちからの絵や手紙などを渡すと、子どもの励みになるかもしれません。

定期的に連絡をとり
経過を聞く

お見舞いに行かない判断をした場合や、休みが長期に渡る場合は、定期的に電話などをし、経過を聞いたり、園の様子を伝えたりしましょう。電話やメールなどで継続的に連絡をとること、回復を園のみんなが待ち望んでいると伝えることが、本人や家族の心の支えになることもあります。

なお、園児や園児の家族の病気やけがについては、個人情報として慎重な扱いが求められます。不用意にほかの保護者や子どもに伝えないようにしましょう。

自宅療養の場合も
こまめに連絡を

長期にわたる自宅療養や自宅待機の場合は、定期的に連絡を入れます。メールやLINEなどでも良いですが、電話などで直接、声を聞くと保護者や子どもの精神状態がわかり、対応を考えることができます。

私たちの考えるマナー
Point ❶

長期にわたる欠席の連絡は園長にその場でつなぎ、園全体で共有します

園長や看護師が
直接話を聞く

● 職員が電話などで園児の長期にわたる欠席の連絡を受けた時は、必ず園長や看護師にその場でつなぐよう指導しています。不在の場合も「園長は留守にしておりますので、後からお電話をかけさせていただきます」と伝えるようにしています。岩

● きょうだいが在園している場合は、送迎時に園長が立ち合い、直接保護者から話を聞いています。井

沿った対応をします。 汐

●クラス内で子どもに「○○ちゃんはど
　うしてお休みなの？」などと聞かれた
　時は、心配している気持ちを大切に受
　け止め、話せる範囲で説明して「早く
　園に来られるといいね」などと言うよ
　うにしています。 汐

お見舞いに行くか どうかは 園として判断します

相手の事情によって 対応を検討する

●お見舞いに行く、行かないの判断は、相
　手の事情等によって変わってきます。担
　任と園長や主任が相談して、だれがい
　つ行くかなどを決めるようにします。 汐

●子どもではなく保護者が長期入院した時
　に、園としてお見舞いに伺ったことがあ
　りました。事情によって対応は異なるの
　で、園全体で情報を共有することが大
　切だと思います。 井

久しぶりに登園する 園児と保護者への 配慮も大切にします

安心して登園できるような 言葉をかける

●園児の病状が回復し、久しぶりに登園
　する時には、「ほかの保護者の方も、心
　配してくださっていましたよ」「みんな
　でお待ちしているので、安心していら
　してくださいね」などと保護者に伝え
　るようにします。子どもには、登園し
　た際、「よく来たね」と伝えます。 岩

園児や家族の 病気やけがについて 他言しません

心配する声を受け止めつつ 対応を考える

●園児が入院したことを、園からほかの
　保護者や子どもに伝えることは原則、
　しません。心配する声が多い時は、入
　院している子どもの保護者に伝えてよ
　いか、どう伝えるか、保護者の意向に

あなたの園でも 考えてみましょう！

●お見舞いの有無や見舞い方について、
　ルールを決めていますか。

●長期欠席する子どもの情報や対応を
　共有していますか。

お見舞いの配慮

入院した園児を見舞う際の配慮を考えます。

家族などに確認してから

・家族と連絡をとり、相談して許可をもらってから伺う。

・病院ごとの面会時間やルールを確認する。

少人数で

・できれば1人、多くても2〜3人程度の少人数で行く。

・本人の体調や家族の心情を考え、負担にならないよう、短時間で退出する。

眠っていたら起こさない

・園児が眠っていたら声をかけずに退出する。

・保護者も不在の場合は、メッセージや見舞い品を、ナースステーションに預ける。

前向きな言葉をかける

・子どもや保護者の負担にならない言葉をかける。

「みんな待っていますよ」
「また一緒に遊びましょう」
「庭のチューリップが咲いていましたよ」

など

一般常識としてのマナーは、このようなことを
身に付けておけば失礼がない、
相手を不快な気持ちにさせないという
範囲で知っておけば良いと思います。
マニュアルにこだわることによって、
ぎこちなかったり、その場の雰囲気に
合わない言動をしたりだと困ります。
大事なことは、相手に対する思いやりです。

　　　汐見和恵

付録

「私たちの園の マナーづくり」 準備シート

各テーマの「あなたの園でも考えてみましょう」
の項目に沿って、職員各自が
振り返るための準備シートです。
全員のシートをもとに園のなかで話し合い、
あたなの園としてのマナーをつくりましょう。

「私たちの園のマナーづくり」準備シート

各項目に沿って、「現状と課題」を挙げてから、園のマナーとしてどうするのがいいか、
自分なりの「提案」を考えてみましょう。

		現状・課題	提案
Part 1	子どもの名前を呼ぶ P13		
	言葉のかけ方 P16		
	園におけるジェンダー P20		
	「気になる」子どもへの対応 P24		

	現状・課題	提案
Part 2 職場の人間関係 **P33**		
保護者と向き合う（その1） **P36**		
保護者と向き合う（その2） **P39**		
近隣との付き合い **P44**		

	現状・課題	提案
Part 3 保育中の服装 P52		
来客を迎える P56		
電話に出る P60		
個人情報を扱う P64		
休暇の取得 P68		
お見舞い P72		

著者

井上さく子
（いのうえさくこ）

臨床育児・保育研究会環境部会世話人、元・新渡戸文化短期大学非常勤講師。
目黒区立の保育園で保育士として38年間勤務。現在はフリーの立場で、保
育環境アドバイザーとして研修会講師、講演活動、執筆活動を通じて子ども
の世界を広く人々に伝える活動にまい進。『だいじょうぶ〜さく子の保育語録
集』『赤ちゃんの微笑みに誘われて〜さく子の乳児保育』（ともにサンパティッ
クカフェ）と著作も多数。

岩井久美子
（いわいくみこ）

公立保育園に38年間勤務。元・新戸部文化短期大学非常勤講師。2012
年12月より、まちの保育園六本木（運営／ナチュラルスマイルジャパン株
式会社）園長。『保育が伝わる　心がつながる　おたより実例集　はる・な
つ編』『保育が伝わる　心がつながる　おたより実例集　あき・ふゆ編』（と
もにフレーベル館）などでも執筆。

汐見和恵
（しおみかずえ）

一般社団法人家族・保育デザイン研究所所長、立教大学社会福祉研究所特
任研究員、フレーベル西が丘みらい園前園長、元・新渡戸文化短期大学教授。
『育つ・つながる子育て支援－具体的な技術・態度を身につける32のリスト』
（チャイルド本社）、『揺らぐ子育て基盤　少子化社会の現状と困難』（頸草
書房）、『今、もっとも必要なこれからの子ども・子育て支援』（風鳴舎）と
著作も多数。

本書は、『保育ナビ』2020 年4月号〜 2021 年3月号の連載
の内容を中心に加筆・修正したものです。

表紙・イラスト　すみもとななみ
マンガ　鳥居志帆
編集協力　こんぺいとぷらねっと

保育ナビブック

私たちの園のマナーづくり
現場の事例から考える

2021 年 9 月 10 日　初版第 1 刷発行

著　者　井上さく子　岩井久美子　汐見和恵
発行者　吉川隆樹
発行所　株式会社フレーベル館
　　　　〒 113-8611　東京都文京区本駒込 6-14-9
　　　　電話　〔営業〕　03-5395-6613
　　　　　　　〔編集〕　03-5395-6604
　　　　　　　振替　　00190-2-19640

印刷所　株式会社リーブルテック

表紙デザイン　blueJam inc. (茂木弘一郎)

本文デザイン　アイセックデザイン

ISBN978-4-577-81503-8　NDC376　80P ／ 26×18㎝

乱丁・落丁本はお取替えいたします。
フレーベル館のホームページ　https://www.froebel-kan.co.jp